Apfelpfannkuchen

Gefüllte Pfannkuchen

Zweierlei unterschiedliche Füllungen, mit Ananas oder mit Champignons, je nachdem, worauf Sie Appetit haben.

Zutaten für 2 Personen (6 Pfannkuchen von etwa 15 cm Ø):
50 g Weizenvollkornmehl und 50 g Mehl (oder 100 g Mehl) · 1 Prise Salz · ⅛ l Milch · 6 Eßl. Mineralwasser · 1 Ei · 3 Teel. Öl
Für die Füllung: 4 Tomaten · 1 kleine Zwiebel · 1 Knoblauchzehe · 150 g Ananas (etwa ¼ Frucht) oder 150 g Champignons · 1 Teel. Öl · 125 g mageres Rinderhackfleisch · Pfeffer, frisch gemahlen · Salz · 1 Eßl. Petersilie, frisch gehackt · 1 Prise Zucker · 1 Teel. Butter · 1 Prise Paprikapulver, rosenscharf

- Vorbereitungszeit: etwa 30 Minuten
- Garzeit: etwa 55 Minuten

1

Das Mehl mit dem Salz, der Milch und dem Mineralwasser verrühren. Das Eigelb vom Eiweiß trennen. Das Eigelb gut verquirlen und mit dem Handrührgerät unter den Teig mischen; ruhen lassen (Seite 18/19).

2

Die Tomaten einritzen, überbrühen, häuten, entkernen, dabei vom Stielansatz befreien, und würfeln. Die Zwiebel und die Knoblauchzehe schälen und kleinschneiden. Die Ananas würfeln oder die Pilze putzen und in Scheiben schneiden.

3

Das Öl für die Füllung gut heiß werden, aber nicht rauchen lassen. Die Zwiebel und den Knoblauch darin bei mittlerer Hitze anbraten. Das Hackfleisch hinzufügen und unter Rühren Farbe annehmen lassen. Die Tomatenwürfel darunterrühren. Alles pfeffern, salzen und zugedeckt bei schwacher Hitze insgesamt 30 Minuten köcheln lassen. Nach 20 Minuten die Petersilie hineinstreuen. Mit dem Zucker abschmecken.

4

Die Butter in einer Pfanne zerlassen. Die Ananaswürfel oder die Pilze darin bei mittlerer Hitze anbraten, bis die Flüssigkeit verdampft ist. Mit dem Paprikapulver würzen.

5

Für die Pfannkuchen das Eiweiß steif schlagen und unter den Teig heben (Seite 18/19). Eine schwere oder beschichtete Pfanne mit etwas Öl auspinseln und heiß werden, aber nicht rauchen lassen. 1 Portion Teig darin durch Schwenken dünn verteilen und von jeder Seite in 3 Minuten bei mittlerer Hitze braun backen (Seite 34/35). Warm stellen und weitere 5 Pfannkuchen backen.

6

Die Pfannkuchen füllen, aufrollen und auf vorgewärmten Tellern anrichten.

Pro Person etwa: 2300 kJ/550 kcal
28 g Eiweiß · 23 g Fett · 55 g Kohlenhydrate

Gefüllte Pfannkuchen

Italienische Kartoffeltorte

Schmeckt als Vorspeise oder als Beilage zu Kurzgebratenem. Frischer Salbei gibt das feine Aroma.

Zutaten für 2 Personen:
450 g mehligkochende Kartoffeln ·
2 Teel. Butter · 1 Eigelb · 1 Prise Salz ·
eventuell 1 Prise Muskatnuß,
frisch gerieben · 1 Teel. geklärte Butter
(Seite 34/35) oder Butterschmalz ·
3 frische Salbeiblätter

- Vorbereitungszeit: etwa 15 Minuten
- Garzeit: etwa 40 Minuten

1

Die Kartoffeln waschen und, mit Wasser bedeckt, im geschlossenen Topf bei schwacher Hitze etwa 30 Minuten kochen. Dann abgießen und abziehen.

2

Die Butter in eine Schüssel geben. Die heißen Kartoffeln mit einer Kartoffelpresse darüber pressen oder mit dem Handmixgerät pürieren. Die Masse mit dem Eigelb, dem Salz und nach Wunsch mit der Muskatnuß vermischen.

3

Eine schwere oder beschichtete Pfanne von 20 cm Ø mit der geklärten Butter oder dem Butterschmalz auspinseln. Das Fett gut heiß werden, aber nicht rauchen lassen. Die Salbeiblätter waschen, trockentupfen und bei mittlerer Hitze in der Pfanne schwenken, um das Fett zu aromatisieren. Auf Küchenpapier abtropfen lassen.

4

Die Kartoffelmasse in die Pfanne geben, glattstreichen und in etwa 4 Minuten goldgelb backen; dabei lockern und rütteln. Gegebenenfalls die Hitze reduzieren. Die Torte mit einem Spatel auf einen Teller schieben. Etwas Fett auf die ungebackene Seite geben. Die Pfanne darüberstülpen und die Torte wenden (Seite 34/35). Auf der zweiten Seite ebenfalls 4 Minuten backen.

5

Die Kartoffeltorte auf einer vorgewärmten Platte anrichten. Die Salbeiblätter in der Mitte andrücken. Dazu paßt ein frischer Salat, zum Trinken ein trockener Rotwein.

Pro Person etwa: 1100 kJ/260 kcal
7 g Eiweiß · 10 g Fett · 35 g Kohlenhydrate

Italienische Kartoffeltorte

Fenchelpfannkuchen

Ein Pfannkuchen für Kalorienbewußte – ohne Milch, mit wenig Ei und sparsam in Fett gebacken.

Zutaten für 2 Personen (6 Pfannkuchen von etwa 15 cm ∅):
60 g Weizenvollkornmehl · 60 g Mehl · 1 Prise Salz · 1 Prise Fenchelsamen (aus dem Teebeutel), frisch zerstoßen · ¼ l Mineralwasser · 1 Ei · 4 Teel. Öl
Für die Beilage: 2 geräucherte Forellenfilets · einige Tropfen Zitronensaft · ½ Salatgurke · 3 Eßl. fester Joghurt · 2 kleine Dillzweige · Salz · Pfeffer, frisch gemahlen

- Vorbereitungszeit: etwa 15 Minuten
- Ruhezeit: 30–60 Minuten
- Backzeit: etwa 20 Minuten

1

Das Mehl, das Salz und den Fenchel mit dem Mineralwasser verrühren. Das Eigelb vom Eiweiß trennen. Das Eigelb gut verquirlen und mit 1 Teelöffel Öl unter den Teig rühren. Den Teig ruhen lassen (Seite 18/19).

2

Die Forellenfilets längs halbieren, in größere Stücke teilen und mit Zitronensaft beträufeln. Die Gurke schälen, längs halbieren, von den Kernen befreien (damit sie nicht wässrig wird) und in Scheiben schneiden.

3

Den Joghurt im Becher mit durchlöchertem Deckel in eine Schüssel stellen (Deckel nach unten) und so abtropfen lassen. Die Dillzweige waschen, trockenschütteln und zerteilen.

4

Das Eiweiß steif schlagen und unter den Teig heben (Seite 18/19).

5

Eine schwere oder beschichtete Pfanne mit ½ Teelöffel Öl auspinseln. Das Öl gut heiß werden, aber nicht rauchen lassen. 1 Portion Teig in die Pfanne geben und glattstreichen. Den Pfannkuchen bei mittlerer Hitze von jeder Seite in etwa 3 Minuten braun backen (Seite 34/35); dabei mit dem Spatel wenden. In ein Tuch gehüllt warm stellen und 5 weitere Pfannkuchen ebenso backen.

6

Je 3 Pfannkuchen zusammengeklappt auf vorgewärmten Tellern anrichten. Die Forellenfiletstücke mit etwas Dill dazwischen stecken. Die Gurkenscheiben salzen, pfeffern und auf die Teller verteilen. Alles mit einem Klecks Joghurt krönen und mit kleingezupftem Dill bestreuen.

Pro Person etwa: 1800 kJ/430 kcal
31 g Eiweiß · 14 g Fett · 44 g Kohlenhydrate

Fenchelpfannkuchen

Spanische Gemüsetortilla

Vorzüglich als Vorspeise oder Imbiß.
Tortillas schmecken heiß oder kalt.

Zutaten für 2 Personen:
1 Kartoffel · 1 kleine Zwiebel ·
¼ Knoblauchzehe · 1 rote Paprikaschote
(oder je 100 g Erbsen und Spargelstücke,
gekocht) · 2 Eßl. Olivenöl · 2 Eier · Salz ·
Pfeffer, frisch gemahlen

- Vorbereitungszeit: etwa 10 Minuten
- Garzeit: etwa 25 Minuten

1

Die Kartoffel schälen, waschen und kleinwürfeln. Die Zwiebel und das Knoblauchstück ebenfalls schälen und kleinschneiden. Die Paprikaschote halbieren, von Kernen und Rippen befreien, waschen und in kleine Würfel schneiden.

2

In einer schweren oder beschichteten Pfanne das Öl gut heiß werden, aber nicht rauchen lassen. Die Kartoffelwürfel hineingeben und bei mittlerer bis schwacher Hitze anbraten. Die Zwiebel und den Knoblauch hinzufügen und alles in etwa 15 Minuten goldgelb braten; dabei mehrmals umwenden, damit nichts am Pfannenboden anklebt. Die Pfanne vom Herd nehmen. Die Kartoffelmischung mit dem Schaumlöffel herausheben und abtropfen lassen, dabei das Bratöl auffangen.

3

Die Pfanne wieder erhitzen und die Paprikawürfel darin ohne weitere Fettzugabe etwa 8 Minuten braten; dann ebenfalls aus der Pfanne nehmen und abtropfen lassen. (Erbsen und Spargel nur erwärmen.)

4

Die Eier in einer großen Schüssel verquirlen, salzen und pfeffern. Die Kartoffel-Zwiebel-Mischung und das Gemüse daruntermengen.

5

Die Pfanne mit etwa 2 Teelöffeln des aufgefangenen Bratöls erneut heiß werden lassen (mittlere Hitze). Die Eimasse hineinschütten, glattstreichen und festdrücken. Die Hitze reduzieren und die Tortilla in etwa 3 Minuten auf der Unterseite goldgelb backen. Die Tortilla auf einen Teller gleiten lassen und mit der darübergestülpten Pfanne wenden (Seite 34/35). Auf der zweiten Seite in etwa 2 Minuten fertigbacken.

6

Die Tortilla auf einer vorgewärmten Platte anrichten und wie eine Torte in Stücke schneiden. Ein gemischter Salat und verschiedene kleine Beigaben (»tapas«), zum Beispiel Knoblauch-Champignons, marinierte Krabben und gewürzte Oliven sowie Brot und Sherry passen dazu.

Pro Person etwa: 930 kJ/220 kcal
10 g Eiweiß · 15 g Fett · 13 g Kohlenhydrate

Spanische Gemüsetortilla

Kräuterkuchen mit Schweinefilet

Die knusprigen Kartoffelkuchen (Pillekuchen) aus Rheinland-Westfalen sind mit den Rösti verwandt.

Zutaten für 2 Personen (2 Pfannkuchen von etwa 20 cm ∅):

Für den Belag: 150 g Schweinefilet · 2 Teel. Öl · Salz · 1 Prise Pfeffer, frisch gemahlen · 4 Eßl. trockener Weißwein oder Wasser · 3 Teel. Crème fraîche

Für die Pfannkuchen: 1 Eßl. Weizenvollkornmehl oder 4 Teel. Mehl · 2 Eßl. Wasser · 1 Ei · 1 Eßl. Petersilie, frisch gehackt · 600 g festkochende Kartoffeln · 1 Prise Muskatnuß, frisch gerieben · ½ Teel. Salz · 3 Teel. Öl

Zum Garnieren: 2–6 Orangenscheiben je nach Größe · 2 Eßl. Preiselbeeren aus dem Glas

- Vorbereitungszeit: etwa 20 Minuten
- Garzeit: etwa 20 Minuten

1

Das Schweinefilet waschen, trockentupfen und in etwa 1 cm dicke Scheiben schneiden.

2

Das Öl in einer Pfanne heiß werden, aber nicht rauchen lassen. Die Fleischscheiben darin bei mittlerer Hitze auf einer Seite in etwa 3 Minuten goldbraun braten. Wenden, salzen, pfeffern und in etwa 3 Minuten fertigbraten. Aus der Pfanne nehmen und warm stellen. Den Bratsatz mit dem Wein oder Wasser lösen und auf die Hälfte einkochen lassen. Die Crème fraîche darunterrühren. Die Sauce über das Fleisch gießen.

3

Für die Pfannkuchen das Mehl mit dem Wasser vermischen, dann mit dem Ei sowie der Petersilie verrühren. Die Kartoffeln schälen, waschen und grob raspeln (Seite 18/19). Die Masse mit der Muskatnuß und dem Salz würzen.

4

In einer schweren oder beschichteten Pfanne 1 Teelöffel Öl gut heiß werden, aber nicht rauchen lassen. Die Hälfte der Kartoffelmasse hineingeben, glattstreichen und bei mittlerer Hitze etwa 2 Minuten anbacken lassen. Die Hälfte des Eierteiges darauf verteilen und den Pfannkuchen in weiteren 2 Minuten goldbraun und knusprig backen. Mit Hilfe eines Tellers wenden (Seite 34/35) und mit ½ Teelöffel Öl auf der anderen Seite etwa 3 Minuten backen. In ein Tuch gehüllt warm stellen und den zweiten Pfannkuchen backen.

5

Die Pfannkuchen auf vorgewärmte Teller legen. Das Fleisch und die Sauce darauf anrichten. Die Orangenscheiben – behandelte geschält – an den Rand legen und jede mit Preiselbeeren garnieren.

Pro Person etwa: 2500 kJ/600 kcal
25 g Eiweiß · 28 g Fett · 60 g Kohlenhydrate

Kräuterkuchen mit Schweinefilet

Pfälzer Pfannkuchen mit Lauch

Zu diesem mit würzigem Lauchgemüse gefüllten Pfannkuchen sollten Sie einen vollmundigen Pfälzer Wein trinken.

Zutaten für 2 Personen (6 Pfannkuchen von etwa 15 cm Ø):

Für die Pfannkuchen: 60 g Weizenvollkornmehl und 80 g Mehl (oder 170 g Mehl) · 1 Prise Salz · 8 Eßl. Milch · 6 Eßl. Mineralwasser · 2 Eier

Für das Gemüse: 750 g Lauch · ⅛ l Wasser · Salz · 1 Teel. Butter · 1 Eßl. Petersilie, frisch gehackt · Pfeffer, frisch gemahlen

Zum Backen: 10 g durchwachsener Speck · 1 Eßl. Schnittlauch, frisch kleingeschnitten · 3 Teel. Öl

- Vorbereitungszeit: etwa 15 Minuten
- Garzeit: etwa 40 Minuten

1

Das Mehl mit dem Salz, der Milch und dem Mineralwasser vermischen. Die Eier verquirlen und mit dem Handrührgerät darunterrühren (Seite 18/19).

2

Vom Lauch nur die weißen und hellgrünen Teile verwenden. Die Stangen längs einschneiden, die Blätter auseinanderbiegen und unter fließendem Wasser gründlich waschen; dann quer in schmale Streifen schneiden.

3

Das Wasser mit wenig Salz zum Kochen bringen. Die Lauchstreifen darin zugedeckt bei schwacher Hitze etwa 20 Minuten dünsten. Das Gemüse auf ein Sieb schütten und die Flüssigkeit auffangen.

4

Die Butter im Topf zerlassen. Die Petersilie und die Gemüsekochbrühe hinzufügen und auf ein Drittel einkochen lassen. Die Lauchstreifen hineingeben, mit Salz und Pfeffer abschmecken. Warm stellen.

5

Den Speck in sehr kleine Würfel schneiden. Den Schnittlauch unter den Teig mischen. Eine schwere oder beschichtete Pfanne mit Öl auspinseln und gut heiß werden, aber nicht rauchen lassen. Etwas Speck in die Pfanne geben. 1 Portion Teig daraufgeben und glattstreichen. Den Pfannkuchen bei mittlerer Hitze von jeder Seite in etwa 3 Minuten braun backen (Seite 34/35); dabei mit dem Spatel wenden. In ein Tuch gehüllt warm stellen und 5 weitere Pfannkuchen ebenso backen.

6

Die Pfannkuchen mit dem Lauchgemüse füllen, zusammenklappen und auf vorgewärmten Tellern anrichten. Ein gemischter Salat paßt gut dazu.

Pro Person etwa: 2200 kJ/520 kcal
24 g Eiweiß · 20 g Fett · 62 g Kohlenhydrate

Pfälzer Pfannkuchen mit Lauch

So wird's gemacht

Pfannkuchenteig, garantiert ohne Klumpen

1 Alle Zutaten zimmerwarm verarbeiten. Zunächst Mehl, Salz und Milch vermischen. Teig aus Vollkornmehl 30 Minuten bis 1 Stunde ausquellen lassen.

2 Die Eier gut verquirlen und mit einem Handrührgerät oder Schneebesen unter die Mehlmischung rühren.

3 1 Teelöffel geschmacksneutrales Öl, flüssige geklärte Butter (Seite 34/35) oder Butterschmalz unter den Teig geben, damit er in der Pfanne nicht anbackt.

Pfannkuchenteig, leicht und locker

1 Mehl und Salz mit Mineralwasser verrühren. Je nach Mehlmenge und bei Verwendung von Vollkornmehl zwischen 10 Minuten und 1 Stunde ausquellen lassen.

2 Das Eigelb gut verquirlen und mit einem Handrührgerät oder Schneebesen unter die Mehlmischung rühren.

3 Das Eiweiß steif schlagen. Den Eischnee kurz vor dem Backen mit dem Rührlöffel oder Schneebesen (nicht mit dem Handrührgerät) unter den Teig heben.

Wichtig für Kartoffelpfannkuchen

1 Die rohen Kartoffeln würfeln und mit der Küchenmaschine fein pürieren oder fein reiben. Kurz im Sieb abtropfen lassen.

2 Die gekochte Kartoffel reiben oder würfeln und zusammen mit der Zwiebel in der Küchenmaschine pürieren. Mit Ei und Salz vermischen.

3 Die rohe und die gekochte Kartoffelmasse vermischen. Sofort backen, da der Teig sonst braun wird.

1

1

1

2

2

2

3

3

3

Moskauer Pfannkuchen mit Lachs

Eine feine Art Reibekuchen, wie Sie sie ähnlich mit Apfelmus kennen. Laden Sie Gäste dazu ein.

Zutaten für 3 Personen (12 Pfannkuchen):
1 kalte, gekochte Pellkartoffel · 1 Zwiebel · 1 Ei · eventuell 2 Teel. Sahne · 1 kräftige Prise Salz · 750 g mehligkochende rohe Kartoffeln · 8 Teel. Öl
Zum Garnieren: 180 g Räucherlachs in dünnen Scheiben · Dillzweige

- Vorbereitungszeit: 10–20 Minuten
- Backzeit: etwa 20 Minuten

1

Die Pellkartoffel und die Zwiebel schälen und reiben oder gewürfelt zusammen in der Küchenmaschine grob zerkleinern. Das Ei, nach Belieben die Sahne und das Salz darunterrühren.

2

Die rohen Kartoffeln schälen, waschen und reiben oder gewürfelt in der Küchenmaschine pürieren. Auf einem Sieb kurz abtropfen lassen.

3

Die Ei-Kartoffel-Mischung mit den geriebenen rohen Kartoffeln verrühren.

4

In einer schweren oder beschichteten Pfanne 2 Teelöffel Öl gut heiß werden, aber nicht rauchen lassen. 3 Portionen Teig in die Pfanne geben und zu handflächengroßen Pfannkuchen glattstreichen. Die Kuchen bei mittlerer Hitze auf jeder Seite in 3–4 Minuten knusprig braun backen; dabei einmal mit dem Spatel wenden. Auf diese Weise 12 Kartoffelpfannkuchen backen.

5

Werden die Kuchen nicht sofort serviert, können Sie sie unbedeckt auf ein gefettetes Backblech legen und kurz vor dem Essen bei 200° (Umluft: 170°) im Backofen (Mitte) in etwa 8 Minuten aufbacken. Fertig gebackene Pfannkuchen können auch eingefroren und dann etwa 10 Minuten wie oben aufgebacken werden.

6

Die Kartoffelpfannkuchen auf vorgewärmte Teller legen. Mit dem Lachs und etwas Dill garnieren. Dazu paßt ein spritziger Weißwein.

Pro Person etwa: 1700 kJ/400 kcal
21 g Eiweiß · 17 g Fett · 46 g Kohlenhydrate

Moskauer Pfannkuchen mit Lachs

Zucchinipfannkuchen

Mit Putengeschnetzeltem belegt eine raffinierte Pfannkuchen-Idee für Feinschmecker.

Zutaten für 2 Personen (2 Pfannkuchen von etwa 20 cm Ø):
75 g Weizenvollkornmehl oder 100 g Mehl · 6 Eßl. Milch · 6 Eßl. Mineralwasser · Salz · 1 Ei · 200 g Zucchini · 3 Tomaten · 1 Zwiebel · 1 Knoblauchzehe · 150 g Putenschnitzel · 5 Teel. Öl · 8 Eßl. trockener Weißwein · Pfeffer, frisch gemahlen

- Vorbereitungszeit: etwa 30 Minuten
- Garzeit: etwa 25 Minuten

1

Das Mehl mit der Milch, dem Mineralwasser und 1 Prise Salz vermischen. Das Ei verquirlen und mit dem Handrührgerät hineinrühren.

2

Die Zucchini waschen, putzen, schaben und in Scheiben schneiden. Die Tomaten einritzen, überbrühen, häuten, entkernen, vom Stielansatz befreien und würfeln. Die Zwiebel sowie den Knoblauch schälen und fein schneiden. Das Fleisch in ½ cm breite Streifen schneiden.

3

1 Teelöffel Öl heiß werden, aber nicht rauchen lassen. Die Zwiebel und den Knoblauch darin bei mittlerer Hitze anbraten. 4 Eßlöffel Weißwein hinzufügen und auf die Hälfte einkochen lassen. Die Tomatenwürfel dazugeben, salzen, pfeffern und zugedeckt bei schwacher Hitze etwa 10 Minuten dünsten.

4

1 Teelöffel Öl heiß werden lassen. Die Zucchinischeiben darin bei mittlerer Hitze braun braten, dann salzen und pfeffern. Die Hälfte zu den Tomaten geben.

5

1 Teelöffel Öl heiß werden lassen. Die Fleischstreifen darin bei mittlerer Hitze braun braten. Salzen, pfeffern, mit dem restlichen Wein ablöschen und kurz einkochen lassen. Die Tomaten und Zucchini dazugeben und warm stellen.

6

In einer schweren oder beschichteten Pfanne 1 Teelöffel Öl gut heiß werden, aber nicht rauchen lassen (Seite 34/35). Die Hälfte des Teigs hineingeben. Zucchinischeiben darauf verteilen. Den Pfannkuchen bei mittlerer Hitze von jeder Seite 2 Minuten backen (Seite 34/35). Warm stellen und den zweiten Pfannkuchen ebenso backen.

7

Die Pfannkuchen auf vorgewärmten Tellern und darauf das Geschnetzelte anrichten.

Pro Person etwa: 1600 kJ/380 kcal
30 g Eiweiß · 14 g Fett · 33 g Kohlenhydrate

Zucchinipfannkuchen

Joghurt-Pancakes mit Orangen

Sie werden in den USA mit Früchten, Honig oder Ahornsirup zum Frühstück gegessen, schmecken aber auch als Dessert.

Zutaten für 2 Personen (6 Pfannkuchen von etwa 15 cm ∅):
2 mittelgroße Orangen · 2 Teel. Honig · 1 Prise gemahlener Ingwer · 4 Teel. geklärte Butter (Seite 34/35) oder Butterschmalz · 20 g Weizenvollkornmehl und 30 g Mehl (oder 60 g Mehl) · 1 Prise Salz · 1 Prise Backpulver · 2 Teel. Zucker · abgeriebene Schale von ¼ unbehandelten Zitrone · 100 g Joghurt · 2 Eier
Zum Garnieren: einige Minzeblättchen · 2 Kugeln Walnußeis

- Vorbereitungszeit: etwa 15 Minuten
- Garzeit: etwa 20 Minuten

1

Die Orangen schälen, auch das Weiße entfernen. Das Fruchtfleisch über einer Schüssel in schmale Segmente schneiden.

2

Den abgetropften Saft in einem kleinen Topf mit dem Honig und dem Ingwerpulver einmal aufkochen; abkühlen lassen.

3

Die geklärte Butter oder das Butterschmalz schmelzen und abkühlen lassen. Das Mehl mit dem Salz, dem Backpulver, dem Zukker und der Zitronenschale vermischen. Den Joghurt darunterrühren. Die Eier mit dem Handrührgerät gut verquirlen und mit 1 Teelöffel Butter oder Butterschmalz zum Teig geben.

4

Eine schwere oder beschichtete Pfanne mit ½ Teelöffel Butter oder Butterschmalz auspinseln. Das Fett gut heiß werden, aber nicht rauchen lassen. 1 Portion Teig in die Pfanne geben und auseinanderstreichen. Den Pfannkuchen unter Lockern und Rütteln auf jeder Seite bei mittlerer Hitze etwa 3 Minuten backen (Seite 34/35); dabei einmal mit dem Spatel wenden. In ein Tuch gehüllt warm stellen und ebenso 5 weitere Pfannkuchen backen.

5

Die Minzeblättchen waschen und trockentupfen. Die Pfannkuchen auf vorgewärmte Teller geben, mit einem Teil der Orangenspalten belegen und mit etwas Orangensauce beträufeln. Die Kuchen zweimal zusammenklappen oder aufrollen. Mit restlichen Orangenspalten, Minzeblättchen und dem Eis garnieren. Restliche Orangensauce dazu reichen.

Pro Person etwa: 2100 kJ/500 kcal
10 g Eiweiß · 23 g Fett · 62 g Kohlenhydrate

Joghurt-Pancakes mit Orangen

Zimtpfannkuchen mit Himbeersauce

Ein Rezept, dessen Tradition bis ins Mittelalter reicht. Besonders delikat ist die aromatische Sauce. Vorweg paßt gut eine Gemüsesuppe.

Zutaten für 2 Personen (6 Pfannkuchen von etwa 15 cm Ø):

Für die Sauce: 250 g Himbeeren · 6 Eßl. Sekt oder Wasser · 1 Eßl. Honig · 3 Blättchen Minze, frisch gehackt

Für die Pfannkuchen: 4 Teel. geklärte Butter (Seite 34/35) oder Butterschmalz · ¼ l Milch · 2 Scheiben Vollkorntoast oder 1 Brötchen · 1 Eßl. Mehl Ihrer Wahl · 1 Prise Salz · 1 Teel. Zimtpulver · 3 Eier

Zum Garnieren: Minzezweige · Himbeeren

- Vorbereitungszeit: etwa 15 Minuten
- Garzeit: etwa 10 Minuten

1

Die Himbeeren nur wenn nötig waschen und abtropfen lassen. Den Sekt oder das Wasser mit dem Honig zum Kochen bringen. Die Hälfte der Früchte mit der gehackten Minze hineingeben und einmal aufkochen lassen. Alles pürieren oder durch ein Sieb streichen. Die restlichen Himbeeren hineingeben. Warm stellen.

2

Die geklärte Butter oder das Butterschmalz schmelzen und abkühlen lassen. Die Milch erwärmen. Das Brot oder Brötchen entrinden, in feine Würfel schneiden, mit der Milch übergießen und kurz weichen lassen.

3

Das Mehl, das Salz, den Zimt und 1 Teelöffel geklärte Butter oder Butterschmalz unter das eingeweichte Brot mischen. Die Eier in Eigelb und Eiweiß trennen. Die Eigelbe gut verquirlen und unter den Teig rühren. Die Eiweiße steif schlagen und darunterheben (Seite 18/19).

4

Eine schwere oder beschichtete Pfanne mit ½ Teelöffel Butter oder Butterschmalz auspinseln. Das Fett gut heiß werden, aber nicht rauchen lassen. 1 Portion Teig hineingeben, durch Schwenken verteilen und den Pfannkuchen unter Rütteln und Lokkern bei mittlerer Hitze auf jeder Seite in etwa 3 Minuten goldbraun backen; dabei einmal mit Hilfe eines Tellers wenden (Seite 34/35). In ein Tuch gehüllt warm stellen und ebenso 5 weitere Pfannkuchen backen.

5

Minzezweige waschen und trockentupfen. Die Pfannkuchen auf vorgewärmte Teller legen. Die Himbeersauce darauf verteilen. Die Kuchen einmal zusammenklappen. Mit einigen Himbeeren und Minze garnieren.

Pro Person etwa: 2100 kJ/500 kcal
19 g Eiweiß · 26 g Fett · 43 g Kohlenhydrate

Zimtpfannkuchen mit Himbeersauce

Afrikanischer Mangopfannkuchen

Eine Spezialität aus Westafrika, die problemlos gelingt, zumal es auch bei uns frische Mangos gibt.

Zutaten für 2 Personen (2 Pfannkuchen von etwa 20 cm ∅):
1 Mango · 3 Teel. Honig · 1 Eßl. Wasser · ½ Zimtstange · Saft von ½ Limone oder Zitrone · 3 Eier · 3 Eßl. Weizenvollkornmehl oder 4 Eßl. Mehl · 1 Prise Salz · 4 Eßl. Mineralwasser · 2–3 Teel. Öl · eventuell Puderzucker

- Vorbereitungszeit: etwa 15 Minuten
- Garzeit: etwa 20 Minuten

1

Die Mango unten kappen. Mit dem Messer am Kern entlang in der Breite halbieren. Den Kern herauslösen. Das Fruchtfleisch gitterartig bis auf die Schale einschneiden; die Schale dabei ganz lassen. Die Fruchtwürfel von unten mit dem Daumen aus der Schale drücken und mit dem Messer in eine Schüssel ablösen.

2

In einem kleinen Topf den Honig, das Wasser, die Zimtstange und den Limonen- oder Zitronensaft kochen, bis die Flüssigkeit fast verdampft ist. Die Mangowürfel dazugeben und zugedeckt bei schwacher Hitze etwa 4 Minuten dünsten. Die Zimtstange entfernen.

3

Die Eier in Eigelb und Eiweiß trennen. Die Eigelbe mit dem Mehl und dem Salz mit dem Handrührgerät zu einem Kloß verrühren. Das Mineralwasser darunterrühren.

4

Die Eiweiße steif schlagen. Den Eischnee mit einem Löffel unter den Teig heben.

5

Eine schwere oder beschichtete Pfanne von 20 cm ∅ mit 1 Teelöffel Öl auspinseln und gut heiß werden, aber nicht rauchen lassen. Den Pfannenboden knapp mit Teig bedekken und die Hälfte der Mangowürfel darauf verteilen. Die Fruchtstücke mit Teig bedecken und den Pfannkuchen in etwa 2 Minuten auf der Unterseite goldbraun backen (Seite 34/35).

6

Den Pfannkuchen mit Hilfe eines Tellers wenden (Seite 34/35), wenn nötig etwas Öl darauf geben und in etwa 2 Minuten fertig backen. In ein Tuch gehüllt warm stellen, bis der zweite Pfannkuchen gebacken ist. Nach Belieben mit Puderzucker bestäuben.

Pro Person etwa: 1500 kJ/360 kcal
13 g Eiweiß · 15 g Fett · 45 g Kohlenhydrate

Afrikanischer Mangopfannkuchen

Palatschinken mit Früchten

Dieses köstliche Dessert aus der österreichischen Küche schmeckt mit Früchten der Saison oder auch mit Konfitüre.

Zutaten für 2 Personen (6 Pfannkuchen von etwa 15 cm ∅):
4 Teel. geklärte Butter (Seite 34/35) oder Butterschmalz · 50 g Mehl und 30 g Weizenvollkornmehl (oder 100 g Mehl) · 1 Prise Salz · ⅛ l Milch · 4 Eßl. Mineralwasser · 1 Ei
Für die Füllung: ¼ Banane · 250 g Erdbeeren oder 2 Kiwis · 2 Teel. Honig
Zum Garnieren: 2 Kugeln Vanille- oder Schokoladeneis · 8 Bananenscheiben · einige Erdbeeren oder Kiwischeiben

- Vorbereitungszeit: etwa 15 Minuten
- Garzeit: etwa 15 Minuten

1

Die geklärte Butter oder das Butterschmalz zerlassen und abkühlen lassen. Das Mehl mit dem Salz, der Milch und dem Mineralwasser verrühren. Das Ei gut verquirlen und mit 1 Teelöffel Butter oder Butterschmalz mit dem Handrührgerät unter den Teig rühren.

2

Für die Füllung die Früchte schälen beziehungsweise putzen und kleinwürfeln, dann mit dem Honig in einem kleinen Topf bei mittlerer Hitze etwa 2 Minuten dünsten; beiseite stellen.

3

Eine schwere oder beschichtete Pfanne mit ½ Teelöffel geklärter Butter oder Butterschmalz auspinseln. 1 Portion Teig hineingeben und durch Schwenken verteilen. Den Pfannkuchen auf jeder Seite in etwa 2 Minuten goldbraun backen (Seite 34/35). In ein Tuch gehüllt warm stellen und 5 weitere Pfannkuchen ebenso backen.

4

Die gedünsteten Früchte mit dem Handmixgerät grob pürieren. Die Pfannkuchen damit bestreichen und zusammenrollen. Je 3 Pfannkuchen auf vorgewärmten Tellern anrichten. Mit dem Eis und Fruchtstücken garnieren.

Pro Person etwa: 2400 kJ/570 kcal
14 g Eiweiß · 27 g Fett · 68 g Kohlenhydrate

Palatschinken mit Früchten

Österreichischer Grießschmarrn

Ein Pfannengericht mit Tradition. Mit Weizenvollgrieß gerät es besonders herzhaft. Sie bekommen ihn ebenso wie Zuckerrohrgranulat im Naturkostladen oder Reformhaus.

Zutaten für 2 Personen:
500 g vollreife Aprikosen · ½ l Wasser · ¾ l fettarme Milch · 1 Prise Salz · 150 g Weizenvollgrieß oder Hartweizengrieß · 1 Ei · 2 Teel. geklärte Butter (Seite 34/35) oder Butterschmalz
Zum Bestreuen: eventuell Puderzucker oder Zuckerrohrgranulat

- Vorbereitungszeit: etwa 5 Minuten
- Garzeit: etwa 30 Minuten

1

Die Aprikosen waschen, halbieren und entsteinen. Das Wasser in einem breiten Topf zum Kochen bringen. Die Früchte hineingeben, wenn sie nach etwa 7 Minuten hochkommen, herausnehmen und abtropfen lassen.

2

Die Milch mit dem Salz bei mittlerer Hitze zum Kochen bringen. Den Grieß unter Rühren einrieseln lassen, dann zugedeckt bei ganz schwacher Hitze (Elektroplatte ausgeschaltet) etwa 15 Minuten quellen lassen. Den Grießbrei abkühlen lassen.

3

Das Ei gut verquirlen und unter den festen Grießbrei rühren. Den Backofen auf 70° vorheizen.

4

Eine schwere oder beschichtete Pfanne mit 1 Teelöffel geklärter Butter oder Butterschmalz auspinseln. Das Fett gut heiß werden, aber nicht rauchen lassen. Die Hälfte des Grießbreis einfüllen, glattstreichen und bei mittlerer Hitze in 1–2 Minuten wie einen Pfannkuchen goldgelb backen, dann mit Hilfe eines Tellers wenden (Seite 34/35).

5

Den Kuchen von der zweiten Seite ebenfalls goldgelb backen, dann mit zwei Gabeln in kleine Stücke reißen. Unter Wenden durchbacken und im Backofen zugedeckt warm stellen, bis die zweite Portion Schmarrn gebacken ist.

6

Den Grießschmarrn mit den Aprikosen auf vorgewärmten Tellern anrichten. Nach Belieben mit Puderzucker oder Zuckerrohrgranulat bestreuen.

Pro Person etwa: 2575 kJ/615 kcal
27 g Eiweiß · 14 g Fett · 95 g Kohlenhydrate

Österreichischer Grießschmarrn

So wird's gemacht

Butter klären

1 Für hohe Temperaturen wird Butter geklärt verwendet, sonst verbrennen Rückstände, die gesundheitsschädlich sind und bitter schmecken. Dafür die Butter bei schwacher Hitze zerlassen.

2 Den Schaum (Eiweiß- und Milchzuckerrückstände) vorsichtig abtupfen.

3 Die geklärte Butter in ein Gefäß gießen. Auch Butterschmalz oder geschmacksneutrales Öl kann verwendet werden.

Pfannkuchen backen

1 Eine schwere oder beschichtete Pfanne mit Backfett auspinseln. Das Fett gut heiß werden lassen, sonst nimmt der Teig zuviel Fett auf. Es darf aber (aus gesundheitlichen Gründen) nicht rauchen! Teig bei mittlerer Hitze hineingeben, glattstreichen oder durch Schwenken verteilen.

2 Den Pfannkuchen am Rand mit einer Gabel oder dem Spatel lösen und durch Rütteln der Pfanne lockern.

3 Den Pfannkuchen auf einen Teller gleiten lassen. Kleine Pfannkuchen mit dem Spatel wenden.

4 Erscheint die Pfanne sehr trocken, etwas Backfett auf den Pfannkuchen geben. Die Pfanne darüber stülpen und den Pfannkuchen wenden.

5 Den Pfannkuchen auf der zweiten Seite goldbraun backen.

6 Den Pfannkuchen auf einen vorgewärmten Teller gleiten lassen und je nach Rezept anrichten.

Apfelpfannkuchen

Bei groß und klein beliebt.
Mit einer kräftigen Suppe davor eine komplette Mahlzeit.

Zutaten für 2 Personen (2 Pfannkuchen von etwa 20 cm ∅):
1/8 l Milch · 40 g Mehl und
10 g Weizenvollkornmehl (oder 60 g Mehl) ·
1 Prise Salz · 2 Eier · 2 säuerliche Äpfel ·
1 Prise Zimtpulver · 1 Prise Zucker ·
1 Teel. Zitronensaft · 1 Teel. Butter ·
4 Teel. geklärte Butter (Seite 34/35)
oder Butterschmalz
Zum Garnieren: eventuell Honig
und Schlagsahne oder Zimtzucker

- Vorbereitungszeit: etwa 15 Minuten
- Ruhezeit: 10–30 Minuten
- Garzeit: etwa 25 Minuten

1

Die Milch mit dem Mehl und dem Salz vermischen. Die Eier gut verquirlen und mit dem Handrührgerät unter den Teig rühren. Den Teig ruhen lassen (Seite 18/19).

2

Die Äpfel waschen, schälen, vierteln und vom Kerngehäuse befreien, dann in sehr dünne Scheiben schneiden. Mit dem Zimt, dem Zucker und dem Zitronensaft vermischen.

3

In einem kleinen Topf die Butter bei mittlerer Hitze zerlassen. Die Apfelscheiben darin bei schwacher Hitze anbraten, dann zugedeckt etwa 10 Minuten dünsten.

4

Die geklärte Butter oder das Butterschmalz zerlassen, abkühlen lassen und 2 Teelöffel davon unter den Teig rühren. Der Teig soll dünn sein, gegebenenfalls mit 1 Eßlöffel Wasser aufschlagen.

5

Eine schwere oder beschichtete Pfanne mit etwas geklärter Butter oder Butterschmalz auspinseln. Das Fett heiß werden, aber nicht rauchen lassen. Die Hälfte der Apfelscheiben in die Pfanne geben. Die Hälfte des Teiges darüber verteilen. Den Pfannkuchen in etwa 3 Minuten auf einer Seite goldgelb backen. Den Pfannkuchen mit Hilfe eines Tellers wenden (Seite 34/35), mit etwas Butter beträufeln und auf der zweiten Seite backen. Den zweiten Pfannkuchen ebenso backen. Heiß servieren.

6

Die Pfannkuchen auf vorgewärmten Tellern anrichten und nach Belieben mit warmem Honig und Schlagsahne oder mit Zimtzucker servieren.

Pro Person etwa: 1700 kJ/400 kcal
12 g Eiweiß · 22 g Fett · 40 g Kohlenhydrate

Pfannkuchen – leicht gemacht

Vielseitig, schnell und unkompliziert, das sind die Pluspunkte für köstliche Pfannkuchen. Ob Sie zu zweit sind oder ein Fest feiern, ob Sie Appetit auf Salziges oder Süßes haben, ob Sie eine Vorspeise suchen oder sich sattessen wollen, Pfannkuchen sind für jeden Anlaß eine runde Sache: fein gefüllt, raffiniert belegt oder mit reizvollen Beilagen.
Ihre Lieblingspfannkuchen nach alter Tradition, gesunde Köstlichkeiten mit würzigem Vollkornmehl oder raffinierte internationale Spezialitäten gelingen Ihnen mit den unkomplizierten Rezepten in diesem praktischen Paperback im Handumdrehen. Schwingen Sie also die Pfanne und genießen Sie Verlockendes ganz frisch und knusprig.

Übrigens: kJ und kcal unter jedem Rezept bedeuten Kilojoule und Kilokalorien. Die Umgangssprache sagt dazu Joule und Kalorien.